Antje Sabine Naegeli · Viele Türen hat das Leben

Antje Sabine Naegeli

Viele Türen hat das Leben

skv edition

Bildnachweis:
Umschlagbild: M. Mehlig
Innenbilder: S. 7: A. S. Naegeli; S. 9, 39, 41: C. Palma; S. 11: K. Kertscher; S. 13: H. Kölbel; S. 15: G. Hettler; S. 17: Dr. H. Jaschhof; S. 19: L. Schmidt; S. 21: K. Scholz; S. 23: Schneider/Will; S. 25: G. Weissing; S. 27: Kühnl; S. 29: N. Kustos; S. 31: K. Forster; S. 33: M. Ruckszio; S. 35: W. Müller; S. 37: R. Bruckner; S. 43: J. Vogt; S. 45: K. Radtke; S. 47: B. zur Bonsen

Die Deutsche Bibliothek – CIP-Einheitsaufnahme

Viele Türen hat das Leben / Antje Sabine Naegeli. – Lahr : SKV-Ed., 1996
(SKV-Bild-Text-Band ; 92660)
ISBN 3-8256-2660-1
NE: GT

SKV-Bild-Text-Band 92660

Gesamtherstellung: St.-Johannis-Druckerei, 77922 Lahr
Printed in Germany 4956/1997

Die Texte dieses Büchleins sind entstanden im Begleiten verschiedener Klientinnen und Klienten, aus gemeinsamem Fragen und Suchen nach Lebens-Wegen. In Dankbarkeit den Menschen gegenüber, die mir ihr Vertrauen geschenkt und mir teilgegeben haben an ihrem inneren Ringen, sowie in der Hoffnung, daß die vorliegenden Gedanken dem einen oder anderen ein Stück Ermutigung schenken dürfen, seien sie auf den Weg gebracht.

St. Gallen, im Dezember 1995
Antje Sabine Naegeli

Suchen nach dem,
was den Mut
wieder aufstehen läßt.
Nicht ohnmachtsgläubig
die Hände sinken lassen.
Du bist stärker,
als du weißt,
und das Leben
hat viele Türen.

Auf meine Müdigkeit hören,
mich lösen
von dem Übermaß
an Erwartungen,
die ich mir auflaste,
nicht der nachrennen,
die ich sein müßte
und doch nicht sein kann,
mich einlassen
auf meine Grenzen,
mir endlich erlauben,
nichts zu sein
als ein Mensch.

Zuweilen geschieht es,
daß sich im Traum
die Grenzen
zu einer anderen Welt öffnen
und wir getröstet erwachen.
Es gibt Träume,
die uns so nachhaltig berühren,
daß wir hoffnungsvoller weitergehen
auf unserem Weg,
obwohl sich äußerlich
nichts verändert hat.

Hilflos zu sein
einer bestimmten Lebenssituation gegenüber
ist für uns oft so schwer erträglich.
Und doch machen wir nicht selten
gerade in dieser Situation
wesentliche Erfahrungen:
Wir kommen in Berührung mit Menschen,
die uns durch ihr Verstehen beschenken.
Wir beginnen zu fragen nach dem,
was uns aus- und durchhalten läßt.
Wir können Kräfte entwickeln,
von deren Vorhandensein
wir zuvor nichts ahnten.

Zwei Gefahren drohen
dem seelisch verletzten Menschen.
Die eine ist die,
daß er innerlich versteinert,
weil er fürchtet,
den Schmerz nicht auszuhalten.
Die andere ist die,
daß er seinen Schmerz hortet
wie einen dunklen Schatz,
den er wieder und wieder
ins geheime Zentrum seines Denkens rückt.
Beide Haltungen
beeinträchtigen das Leben
in gravierender Weise.
Sie richten womöglich
noch mehr Schaden an
als die eigentliche Verletzung.

Du magst dich nicht.
Du zweifelst an dir.
Du glaubst denen,
deren Erwartungen
du nie erfüllen konntest,
siehst dich mit ihren Augen,
mißt dich mit ihrem Maß.
Ich wünsche dir,
daß du mißtrauisch wirst
gegen das, was du bisher
von dir gedacht hast.
Ich wünsche dir
ein neues Wissen
um dich selbst.

Sie war eine »gute Tochter«,
die den Erwartungen der Eltern entsprach
und vieles von dem ausglich,
was zwischen ihnen nicht stattfand.
Sie war der Trost der Mutter
und der Stolz des Vaters.
Sie war immer da,
wenn sie gebraucht wurde,
und sie brauchten sie ständig.
Früh schon lernte sie,
daß es gut war,
die Gefühle der Eltern zu fühlen,
ihre Gedanken zu denken,
ihr Wollen wichtiger zu nehmen
als das eigene Wünschen,
sich so handlich zu machen,
wie es nur irgend ging.
Sie war eine »gute Tochter«,
aber sie hat nie ihr Leben gelebt,
und niemand weiß,
wer sie eigentlich war.

Du wirst enttäuschen,
verunsichern,
verärgern,
wenn du verweigerst,
was sie von dir erwarten.
Sie werden sich entrüsten,
dich in die Schranken weisen,
dich schuldig sprechen,
als hätten sie ein Recht darauf,
daß du bleibst,
wie sie dich haben wollen.
Sie werden dir Steine in den Weg legen,
wenn du dir erlaubst,
den Ort zu verlassen,
den sie dir zugewiesen haben.
Doch mit jedem Schritt, den du tust,
wird dein Gang aufrechter werden,
und deine Kraft wird wachsen.
Wage die Angst!
Sei unbequem!
Wage dein Leben!

Laß uns fragen,
wie dein Leben
sich verändern könnte,
wenn du nicht mehr
so unbeirrt
an deine Hilflosigkeit
glaubtest.
Was könnte werden
aus dir,
wenn dir der Mut wüchse,
aufzustehen gegen alles,
was dich zerstört?

Wenn du fliehst
vor Trauer und Schmerz,
wirst du sein wie eine Glocke,
deren Klöppel
nicht mehr schwingt.
Leere wird sich ausbreiten
in deiner Seele,
die Freude
wird dir verlorengehen.
Arm und ärmer
wirst du werden.
Wenn du kein Leidender sein willst,
wirst du auch kein Liebender sein,
und am Ende deines Weges
wirst du nichts erfahren haben
vom Geheimnis des Lebens.

Wir lernen so viele Dinge,
die, bei Licht besehen,
niemals den Stellenwert haben können,
den wir ihnen beimessen.
Das Wesentliche übersehen wir
mit einer seltsamen Blindheit des Herzens.
Ob es nicht menschlicher
her- und zuginge auf unserer Welt,
wenn das Fühlenkönnen
in gleicher Weise gefördert würde
wie das Denken?
Die innere Eiszeit,
die in unseren Tagen
so sehr um sich gegriffen hat,
läßt sich überwinden,
wenn wir den Reichtum
unserer Gemütskräfte wiederentdecken.
Dazu bedarf es der Menschen,
die sich ihr Fühlenkönnen
bewahrt haben.

Laß dich nicht aufhalten.
Wage deinen Weg.
Nimm es auf dich,
daß dir nicht nur Zustimmung
und Wohlwollen begegnen.
Rechne damit,
auf Unverständnis
und Befremden zu stoßen,
zuweilen einsam zu sein
und müde zu werden.
Das Leben selbst
wird dich ermutigen
und seine Reichtümer
vor dir ausbreiten.
Du wirst wohnen
im Herzen des Friedens
und weiten Raum
um dich haben.

Den kleinen Schritt
willkommen heißen,
dich nicht anklagen,
wenn der neue Weg
nur bruchstückhaft gelingt
und du zurückfällst
in die alte Spur.
Bejahen,
daß du zuweilen stehenbleiben
und neuen Atem schöpfen mußt,
daß Mut verlorengehen kann
und langsam nur nachwächst.
Den kleinen Schritt
willkommen heißen,
dich messen
mit sanftem Maß.

Ich sehe das Kostbare in dir,
an das du noch nicht zu glauben vermagst,
und ich ersehne dir Menschen,
die dein Verletztsein spüren,
ohne sich abzuwenden,
wenn du dich angstvoll verschließt.
Menschen, die behutsam sind mit dir,
die sich nicht beirren lassen,
wenn du vertrauen möchtest
und dennoch gefangen bleibst
in deiner Angst.
Menschen erhoffe ich dir,
von denen Ermutigung ausgeht,
die schenken können,
ohne von dir zu erwarten,
was du nicht geben kannst noch willst.
Ich wünsche dir,
daß du zu entdecken beginnst,
was deinen Reichtum ausmacht,
und mehr und mehr zu sein wagst,
die du bist.

Stürme bestehen,
bis du ganz
entlaubt bist.
Das Nichts aushalten
und dennoch vertrauen
auf die Grünkraft
des Herzens.

Dein Leben
wird nicht ohne Beschwernis sein,
aber ich wünsche dir,
daß deine Lasten tragbar sind.

Dein Leben
wird nicht frei von Angst sein,
aber ich wünsche dir,
daß das Erschreckende nicht überhandnimmt.

Dein Leben
wird nicht unberührt bleiben von Traurigkeit,
aber ich wünsche dir,
daß du findest, was dich tröstet.

Die Tür zur Freude
möge dir offenstehen,
der Reichtum des Herzens
deine Tage mit Sinn erfüllen.
Ich wünsche dir,
daß das Leben dir gut ist.

Laß mich für dich hoffen,
wo alles verloren scheint.
Ich will nicht fliehen
vor deiner Not,
auch wenn ich hilflos bin
und nicht frei von Angst.
Ich weiß,
daß mein Verstehen begrenzt ist,
und doch will ich versuchen,
mich mit dem Herzen einzulassen
auf das, was dir geschieht:
mit dir fragen,
mit dir schweigen
und vielleicht auch mit dir weinen,
deinen Zorn spüren
und deine verzweifelte Sehnsucht nach Trost.
Laß mich mit dir warten,
bis Vertrauen zu keimen beginnt
und du Mut findest,
den Weg zu gehen,
der dir zugemutet ist.

Es ist Menschenrecht,
scheitern zu dürfen,
ohne fortan
als Gebückter
weitergehen zu müssen.

Noch ist dein Weg
voller Bedrängnis.
Aufgeben scheint leichter
als Weitergehen.
Mögen hellere Augenblicke
sich mehren
und nachtkalte Stunden
mehr und mehr weichen.
Möge dein Blick sich weiten,
daß du Ermutigendes wahrnehmen
und Ohnmacht überwinden kannst.
Getrostheit möge dich lösen
aus der Enge quälender Gedanken,
daß es ruhiger werde in dir
und neues Leben
seinen Raum finde.

Es ist tröstlich
zu wissen,
daß der Verstand
seine Grenzen hat
und dem Herzen
die tiefere Schaukraft eignet.
Wie oft hält unser innerer Mensch
an der Hoffnung fest,
wo unsere Einsicht
alles verloren geben muß.

Der Geist des Friedens
erfülle dein Herz,
daß du Zerrissenheit überwinden
und dir gut sein kannst.
Die Schatten der Vergangenheit
mögen hinter dich fallen,
daß du im Heute leben
und deine Möglichkeiten ergreifen kannst.
Es wachse in dir der Mut,
dich anzunehmen
mit allem, was zu dir gehört,
daß du dich nicht mehr
gnadenlos antreiben mußt
zu immer neuer Leistung
und frei wirst von dem Drang,
dich auf fruchtlose Weise
mit anderen zu vergleichen.
Mögest du dir begegnen können
mit Nachsicht und wachsendem Verstehen
und mehr und mehr darauf vertrauen lernen,
daß du kostbarer bist, als du jetzt weißt.